HAIZI DE MEIDE SHU QUAN SI CE

孩子的美德书（全四册）

~1~

[美] 威廉·J.本内特 编 [美] 迈克尔·黑格 绘 任溶溶 译

自律 · 信仰 · 勇气 · 责任 · 毅力 · 忠诚 · 怜悯 · 友谊 · 自律

信仰 · 勇气 · 责任 · 毅力 · 忠诚 · 怜悯 · 友谊 · 自律 · 信仰 · 勇气 · 责任 · 毅力 ·

自律 · 信仰 · 勇气 · 责任 · 毅力 · 忠诚 · 怜悯 · 友谊 · 自律

自律 · 信仰 · 勇气 · 责任 · 毅力 · 忠诚 · 怜悯 · 友谊 · 自律

· 信仰 · 勇气 · 责任 · 毅力 · 忠诚 · 怜悯 · 友谊 · 自律 · 信仰 · 勇气 · 责任 · 毅力 ·

自律 · 信仰 · 勇气 · 责任 · 毅力 · 忠诚 · 怜悯 · 友谊 · 自律

桂图登字：20-2010-229

图书在版编目（CIP）数据

孩子的美德书：全四册 /（美）威廉·J.本内特编；（美）迈克尔·黑格绘；任溶溶译. —南宁：接力出版社，2017.5
书名原文：The Children's Book of Virtues
ISBN 978-7-5448-4858-9

Ⅰ.①孩…　Ⅱ.①威…②迈…③任…　Ⅲ.①品德教育-儿童读物
Ⅳ.①G611

中国版本图书馆CIP数据核字（2017）第079477号

责任编辑：陈　邕　　美术编辑：林奕薇　　责任校对：张琦锋
责任监印：刘　冬　　版权联络：王燕超　　营销主理：王　钢
社长：黄　俭　　总编辑：白　冰
出版发行：接力出版社　　社址：广西南宁市园湖南路9号　　邮编：530022
电话：010-65546561（发行部）　　传真：010-65545210（发行部）
http：//www.jielibj.com　　E-mail：jieli@jielibook.com
经销：新华书店　　印制：北京地大彩印有限公司
开本：710毫米×1000毫米　1/16　　印张：12　　字数：100千字
版次：2010年8月第1版　2017年5月第2版　　印次：2017年5月第3次印刷
印数：20 001—32 000册　　总定价：88.00元

序言

我想到编辑出版这本书，是由于原先那本《美德书》出版后不久，我听到了很多议论，例如："我们一家人都喜欢这些故事，只可惜没有插图。"每一位家长都知道，要吸引一个孩子爬上你的膝盖，并且安心地坐住，拿一本图画书比起拿一本厚达八百页的文选来，成功的机会要大得多。因此，当西蒙·舒斯特出版公司同意，从原先那本《美德书》中专门为小朋友精选若干篇故事和诗歌，另行出版一种插图本，我真是喜出望外。

可是，要能配上这些历史悠久的故事和诗歌，它们的插图又该请什么人来画呢？在我妻子伊莱恩的心中，这根本不成问题。她给我们的两个儿子约翰和乔治读过好些由迈克尔·黑格画插图的书，我刚跟她说了出书的打算，她马上拿起电话找她喜欢的这位画家。也真是很幸运，迈克尔当时正好有时间，也很愿意画。

接下来，大家就可以在这本书中看到我们这次一拍即合的快乐成果。你们可以看到，黑格的画有一种生命火花，能把幼小的心灵引领到高尚美好的境界。文字和图画一起讲述怎样让美德常驻孩子的心灵，书中的故事和黑格的画真是珠联璧合。

和原来那本文选一样，这一版本格外注重儿童品德教育这一历史使命。品德教育是培养心灵向善的，它涉及许多东西。它涉及规范和准则——与人相处时什么该做什么不该做；它涉及良好习惯的明确培养；它还涉及大人的榜样作用，通过大人的日常行为，让孩子看到他们重视道德规范。

伴随准则、习惯和榜样，还有一样东西，我们可以称之为道德解读能力。这个集子正是一本帮助小朋友获得这种道德解读能力的基础知识书。这里收集的故事和诗歌可以帮助他们看到美德是什么样子的，美德在实践时是什么样子的，怎么认识它们，它们又怎样发生作用。

如果我们要我们的孩子拥有我们最赞赏的性格特点——诚实、勇敢、富有同情心——我们必须教导他们，让他们知道这些特点是什么，为什么它们值得赞赏和爱戴。

这个工作开始得越早越好。这本书中的故事有助于树立第一批榜样，帮助我们理解什么是对的、什么是错的、什么是好的、什么是坏的。这些故事经受住了时间的考验，部分原因是它们让小朋友着迷。近年来在电视和其他媒体上对以“从前”为开场白的好故事都不做什么变动。不过我相信它们经受住时间考验还有一个原因：它们不但能够激发孩子们的想象力，而且能够激发他们的道德意识。它们有这种力量在孩子心中留下深刻印象，而且留下来指导他们的一生。

因此收在这本书里的材料才能毫不犹豫、毫不含糊地坦言道德意识，谈论我们儿童的心灵。今天我们一谈到“具有价值”是多么重要，就好像它们是钱袋中的珠子和一串串宝石。可是这些故事谈道德和美德，谈的并不是要拥有什么而是

谈人性的核心价值，不是持有什么而是成为什么，这应该是最重要的。要理解这些故事和诗歌，就要通过想象进入不同的时空，那时候的儿童基本上是道德和精神的生物，那时候的真实是道德的真实，当时教育的中心工作就是培养美德。当我们把我们的故事读给孩子听或者和他们一起读时，我们就是开始让他们熟悉一个观念，即只有道德生活、美德生活才是值得过的生活，从而引领他们年幼的眼睛向上看。圣保罗说过:“凡是真实的、可敬的、公义的、清洁的、可爱的、有美名的，若有什么德行，若有什么称赞，这些事你们都要思念。”（《新约全书·腓立比书》，第四章第八节）

我希望这本书能帮助父母和小朋友一起去亲近这些东西。

目录

献给我亲爱的妻子伊莱恩、儿子约翰和乔治。

——威廉·J. 本内特

献给儿时的一段美好回忆：

那一次，好多好多的图画书陪伴我度过了整整一个下午。

——迈克尔·黑格

勇气 | 毅力

再试一次

有个经验必须牢记：
来吧，再试一次。
一次不成，再试一次。
你要拿出你的勇气，
因为只要你能坚持，
就一定能成功，
什么也难不倒你。
来吧，再试一次。

坚持到底

要想得到数学、语文、历史和有关生命的正确答案，就要抓住问题不放。

打鱼的人收网太快，
他卖的鱼一定很少。
学生把书合得太早，
功课不会学得太好。
如果你要功课学好，
就得耐心——别读太快，
一天就算只走一里，
最后也能环游世界。

这个办得到

勇敢的人想事情，想完以后会问："这样做最好吗？"不勇敢的人正好相反，总是说："这根本办不成。"

有一种人没有办法打交道，
样样都说："这个办不到。"
碰到冒险他远远躲开，
还要把人嘲讽责怪。
要是人类历史进程，
由这一种人决定，
坐汽车听收音机就别想，
晚上也别想有电灯照亮，
电报电话全都没有，
我们还在石器时代停留。
如果由这种人指挥，
"样样办不到"，世界只能呼呼大睡。

荷兰小英雄

根据埃塔·奥斯汀·布莱斯德尔、玛丽·弗朗西斯·布莱斯德尔原作改写

这是一个真实的故事，讲一个勇敢的少年，他把一件事情坚持做到完成为止。

荷兰这个国家，大部分土地在海平线以下。它全靠长堤这种大墙挡住北海的海水，不让它涌进来淹没土地。多少世纪以来，荷兰人民尽力把长堤修筑得非常坚固，好让他们的国家安全，不会进水。连小孩子都知道，长堤必须时刻照看着，哪怕一个手指头大小的窟窿也会酿成大祸。

许多年以前，荷兰有一个男孩叫彼得。彼得的爸爸是管理长堤闸门的。他开闸门关闸门，让船只离开荷兰的运河出海。

早秋的一个下午，当八岁的彼得正在玩的时候，他的妈妈叫他说："彼得，你来，我要你把这些蛋糕送到长堤那

头去给你的朋友，那位盲人。如果你走得快，路上不停下来玩，天黑前就可以回家来了。”

小男孩很乐意去送蛋糕，高高兴兴地走了。他在盲人那里只待了一会儿，谈他在长堤上走来，看到太阳、花和大海远处的船只。接着他想起妈妈希望他天黑前回家，就跟他的朋友说声“再见”，动身回家了。

当他沿着运河走时，看到雨水使海水高涨，冲击堤岩，他于是想到爸爸的闸门。

“我真高兴它们这样牢固，”他心里说，“万一它们出了毛病，那我们会怎样啊？这些美丽的田地就会被水淹没。爸爸一直把这些水叫作‘发怒的水’，我想，他认为这些水由于一直给挡在堤外，在生他的气。”

他一路走，偶尔停下来采些长在路边的美丽蓝色小花，或者静听兔子跑过草地的轻柔脚步声。可更多的是想到去看可怜的盲人的情形，这位盲人真是很少有乐趣，有人去看他，他总是高兴得不得了，想到这一点，他不禁露出笑容。

忽然他注意到太阳要下去了，天开始黑下来了。“妈妈要等我啦。”他想，于是开始朝家里跑。

就在这时候他听到了一个声音，是滴水的声音！他停下来低头看。只见长堤上有一个很小的窟窿，水涓涓地向外流着。

在荷兰，随便哪一个孩子想到长堤漏水都会吓一大跳。

彼得马上明白，这太危险了。水这样从小窟窿漏出来，小窟窿会很快变大，变成大窟窿，一旦发生这种情况，全国就要海水泛滥成灾。他一下子明白了他必须怎么做，马上扔掉手里的花，爬下长堤，把手

指头塞到那小窟窿里。

水止住了！

“噢！”他心里说，“发怒的水如今必须给挡住，我可以用我的一个手指头挡住它。只要我在这里，荷兰就不会被水淹没。”

开头一切很顺利，可是天很快变得又黑又冷，小家伙大喊大叫。“快来人呀，快来人呀！”他叫道。可是没有人听到他叫，谁也没有来帮

他的忙。

天更冷了，他的手臂酸痛，人开始僵硬麻木。他又大喊："没有人来吗？妈妈！妈妈！"

他的妈妈从太阳下山起，就一直焦急地朝长堤大路观望，等候她的孩子回来，现在她把农舍的门关上锁好，以为彼得要在盲人朋友家过夜，决定到明天早晨再责备他，他不应该这样没得到她的允许就不回家睡觉。

彼得想吹口哨，可是他冷得上下牙齿直打架。

他想到他那些在温暖被窝里的兄弟姐妹，想到他亲爱的爸爸妈妈。“我绝不能让他们给淹死，”他想，“我必须留在这里直到有人来，哪怕我得待个通宵。”

月亮和星星看下来，看着这个孩子蹲在长堤边一块石头上。他的头低着，眼睛闭着，可是他没有睡着，因为他不时擦那只挡住“发怒的水”的手。

“我怎么也得挺住。”他想，因此他通宵在那里不让海水进来。

第二天一早，有一个人出门做事，在长堤上走时听到有人呻吟。他朝堤下一看，看到一个孩子紧贴在长堤边上。

“出什么事了？”他朝下喊，“你受伤了吗？”

“我在把水挡住！”彼得大叫，“快叫人来！”

消息马上传开了，人们带着铲子奔来，那窟窿很快就被堵住了。

大家把彼得送回家，很快全镇就都知道，他昨天晚上救了大家的性命。直到今天，人们都没有忘记这位荷兰小英雄。

龟兔赛跑

伊索寓言

我们赢得人生中许多奖赏，是因为学会了坚持到底。

有一只兔子取笑乌龟说：“你走得多慢啊！你是怎么爬过来的？”

“你说我慢？”乌龟说，“你试试跟我赛跑，我会赢你的。”

“你真会吹牛，”兔子说，“不过，好吧，我就跟你赛跑，我们该请谁来画出终点线和当裁判呢？”

“我们就请狐狸吧。”乌龟说。

狐狸聪明又公正，他告诉他们从什么地方起跑，跑到什么地方为止。

乌龟一点不浪费时间，他马上动身向前爬。

兔子轻快地蹦蹦跳跳跑了几分钟，就已经把乌龟远远甩在后面。他知道他很快就要到终点了，于是躺在路边树荫下打个盹。

等到醒来，他想起了赛跑的事。他连忙跳起来，有多快跑多快，可是等他来到终点，乌龟早已在那里了！

“跑得慢，但坚持不懈，跑个不停，这就赢得了赛跑的胜利。”狐狸说。

天上的星星

根据卡洛琳·舍温·贝利、凯特·道格拉斯·威金、诺拉·阿奇博尔德·史密斯原作改写

这篇古老的英国故事告诉我们，爬得越高，越要耐心坚持和不怕苦。

从前有一个小女孩，她只想摸摸天上的星星。在没有月亮的晴朗夜晚，她会把身子探出卧室窗子，仰望满天的繁星。心里想，要是能拿到一颗星星，那会是什么滋味啊！

在一个温暖的夏天晚上，银河比平时更亮，她忍不住了，这就想去摸摸星星，不管是什么星星都好。于是她爬出窗子，独自一个人去试探能不能到星星那里。

她走了很久，走得很远，来到一个水车那里，水车吱吱嘎嘎地转来转去。

“晚上好，”她对水车说，“我想同天上的星星一起玩，你看到附近有星星吗？”

“哦，见过，”老水车叹气说，“每天夜里，它们在这里的池塘水面上对着我照，照得我没法睡觉。跳到池塘里去吧，小姐，你就能找到它们了。”

小女孩跳进池塘，游来游去，一直游到手都酸了，游不动了，也没找到什么星星。

“对不起，”她对老水车叫道，“我不相信这里会有星星。”

“在你跳进去把水搅浑之前，这里的确有星星。”水车回答道。小女孩从池塘里爬出来，把身体弄干，穿过田野继续向前走。

过了一会儿，她在一块草地上坐下休息。这准是一块仙子住的草地，因为她忽然看到，有上百个小仙子在草地上跳舞。

“晚上好，小仙子们，”小女孩说，“我想摸到天上的星星，你们在附近看到过星星吗？”

“哦，有，”仙子们唱着说，“它们每天夜里在草叶上闪烁。来跟我们一起跳舞吧，小姐，你想找到多少星星就会有多少星星。”

小女孩于是和小仙子们一起跳舞，跳了又跳，围成圈转了又转，草在她脚下闪闪发亮，可是一颗星星也没看到。最后她跳不动了，在小仙子围成的圈圈里倒下来。

“我已经试了又试，看来我找不到这下面的星星了。”她叫道，“如果你们不帮助我，我就找不到一颗星星，没法跟它玩了。”

那些小仙子围在一起嘁嘁喳喳商量了一阵。最后，一位小仙子过来，拉住她的手说："如果你真决定这样做，你必须继续往前走。一直往前走，记住路要走对。你请一只'四条腿'送你到一只'没有腿'那里，然后你请'没有腿'带你到'无级梯'，只要你爬这……"

于是小女孩重新轻松地上路，走了又走，来到一匹马那里，那匹马拴在一棵树上。

"晚上好，"她说，"我要去找天上的星星，远道而来，走得骨头都痛了，你能让我骑骑吗？"

"关于天上的星星我一无所知，"马儿回答说，"我在这里只听小仙子们的吩咐。"

“我正是从小仙子那里来的。她们说，叫‘四条腿’带我到‘没有腿’那里。”

“‘四条腿’？那就是我啊！”马吹儿吹儿地说，“跳到我背上来吧。”

小女孩骑着马跑啊跑，跑啊跑，跑出森林，来到海边。

“我把你带到这陆地尽头，‘四条腿’只能做到这一点，”马儿说，“现在我必须回家了。”

小女孩于是下马，沿着海边走，心想接下来该怎么办。

忽然一条鱼，一条她有生以来见过的最大的鱼游到她的脚旁边。

“晚上好，”小女孩对鱼说，“我想找到天上的星星，你能帮帮我的忙吗？”

“我怕不能，”鱼咕咕地说，“当然，除非你从小仙子那里给我带来了口信。”

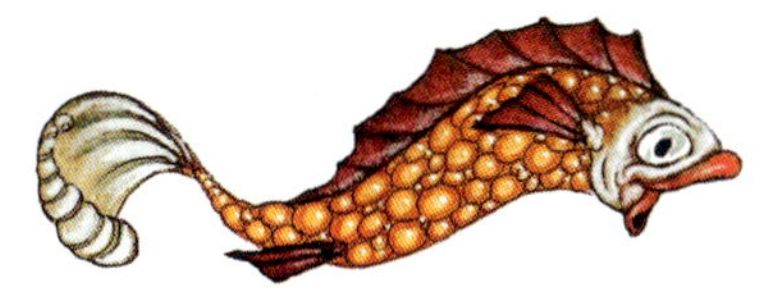

“我是给你带来了口信，”她叫道，“她们说‘四条腿’可以把我带到‘没有腿’那里，‘没有腿’可以把我带到‘无级梯’。”

“那好，”鱼说，“那就对了。到我背上来吧，抓紧了。”

于是它噼噼啪啪在水上游起来，水面上出现了一条银光闪闪的路，一直通到大海尽头，通到水天相接的地方。在那远方，小女孩看到一道彩虹从大海中腾空而起，升到空中，五彩缤纷。

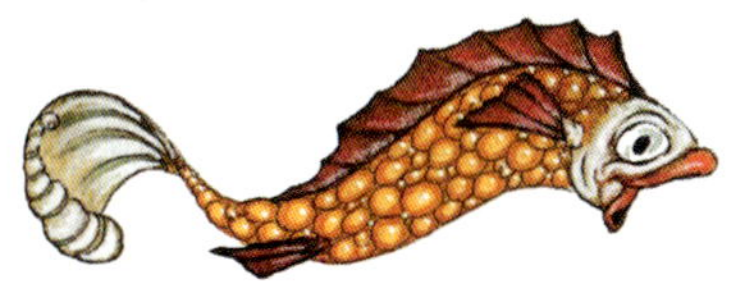

最后他们来到彩虹脚下，她看到彩虹真是一条宽阔的阳光大道，斜着通向天空。在远远的另一头，她看到一些闪光的东西在跳动。

“我不能再过去了，”鱼说，“这就是‘无级梯’。你有办法就爬上去吧，可是要抓紧。你知道，这种梯子不是给小姐的脚踩的。”小女孩于是从鱼背上跳下来，鱼在水中游走了。

她在彩虹上爬啊爬，实在不容易。她每次爬上去一步，倒好像退回了两步。尽管大海在下面已经离得很远，天上的星星却好像比平时离得更远了。

“我绝不放弃，”她心里说，“我已经走了这么远，我不能就这样回去。”

她继续爬啊爬。空气越来越冷，可是天空变得更亮，最后她离星星近了。

“我几乎到了！”她叫道。

一点也不假，她一下子到了彩虹的顶端，她不论朝哪里看都能看到星星在旋转舞动。它们飞上飞下，它们上前退后，它们打转翻滚，她周围真是五彩缤纷。

“我终于来到这里了。”她悄悄地对自己说。她还从来没见过这样的美景，她站在那里观看天空，发出赞叹。

可是过了一会儿，她只觉冷得发抖，低头朝黑地里看去，再也看不到地球。她不知道她的家在哪里，太远了，黑暗中看不到路灯或者窗子的亮光，她开始觉得有点头晕。

“不碰到星星我不走。”她说。她踮起脚，尽量伸长手臂。她越伸越远，忽然一颗流星闪过，吓得她失去了平衡。

她于是滑下来，沿着彩虹滑下来，滑下来。滑得越远越温暖，越温暖她越想睡。她大大地打了个哈欠，一下子就糊里糊涂睡着了。

等到醒来，她发现她正在自己的床上。太阳从窗口照进来，外面树丛里，小鸟在唱晨曲。

“我真碰到那些星星了吗？”她问自己，“或者只是做了一个梦呢？”

这时候她觉得一只手里有东西。她张开拳头，手掌上闪起一点亮光，但马上就消失了，于是她微笑，因为她知道，这是一点星尘。

HAIZI DE MEIDE SHU QUAN SI CE

孩子的美德书（全四册）

～2～

[美] 威廉·J.本内特 编 [美] 迈克尔·黑格 绘 任溶溶 译

· 毅力 · 责任 · 勇气 · 信仰 · 自律 · 友谊 · 怜悯 · 忠诚 · 毅力 · 责任 · 勇气 · 信仰 ·

自律 · 信仰 · 勇气 · 责任 · 毅力 · 忠诚 · 怜悯 · 友谊 · 自律

自律 · 信仰 · 勇气 · 责任 · 毅力 · 忠诚 · 怜悯 · 友谊 · 自律 ·

信仰 · 勇气 · 责任 · 毅力 · 忠诚 · 怜悯 · 友谊 · 自律 · 信仰 · 勇气 · 责任 · 毅力 ·

自律 · 信仰 · 勇气 · 责任 · 毅力 · 忠诚 · 怜悯 · 友谊 · 自律

目录

责任 | 自律

责任丨自律

弗雷德小宝宝

在这首诗里，我们学会晚上该怎样去睡觉。

弗雷德小宝宝，
晚上去睡觉，
睡觉规矩非常好。
他亲亲妈妈，
他亲亲爸爸，
“晚安”“晚安”连声叫。

他是乖宝宝，
从来不吵闹，
一步一步上楼静悄悄。
叫他去睡觉，
他就去睡觉，
睡前不忘做祷告。

有一个小女孩

在这首诗里可以看到，我们不乖会招来什么后果！

有个小女孩，
留一绺刘海儿，
就在她的脑门当中。
她有时很好，
好得不得了，
有时坏得简直要命！
一天爸爸妈妈在厨房，
只顾吃饭正在忙，
她一个人溜到楼上，
上了她的床，
头朝下，脚朝上，
又是拍脚又是嚷。

妈妈听到吵闹声，
以为来了小顽童，
正在顶楼打大架。
她忙上楼看，
原来是她在捣乱，
不用说，狠狠给她一顿

“请”字当头

艾丽西本亚·阿斯平沃尔

好孩子要学好礼仪（有时候向哥哥姐姐学）。

从前有一个小字眼，叫作“请”，它住在一个小男孩的嘴里。其实所有的“请”都住在人的嘴里，只是大家常常忘了它们在那里。

所有的“请”要健康快乐，就要经常从嘴里出来，可以透透空气。它们很像鱼缸里的鱼，你知道，它们要游到水面上来呼吸。

我现在要跟大家讲的这个“请”，住在一个叫迪克的男孩的嘴里，可是真不知过多久才有机会出来一次，因为迪克这个孩子，我很抱歉地说一声，是个没有礼貌的孩子，他难想到说“请”这个字眼。

“给我面包！我要水！给我那本书！”他向人要东西时就是这么说的。

他的爸爸妈妈对他这样说话十分不高兴。至于可怜的“请”字，它只好一天又一天待在这孩子嘴里的楼上，只等着有机会出来。它身子一天比一天弱了。

迪克有一个哥哥叫约翰。约翰比迪克大，快十岁了，他非常有礼貌，正好和迪克的没有礼貌相反。因此叫他的“请”呼吸到许多新鲜空气，他的“请”健康又快活。

有一天吃早饭时，迪克的“请”觉得非呼吸点新鲜空气不可了，哪怕必须逃走。于是它逃走了，逃出迪克的嘴，长长吸了一口新鲜空气。接着它爬过餐桌，跳进约翰的嘴！

约翰嘴里的“请”很生气。

“出去！”它叫道，“你不属于这里！这是我的嘴！”

“我知道，”迪克的“请”回答，“我住在那边那个弟弟的嘴里。可是，天哪！我在那边不快活，他从来不用我，我吸不到一口新鲜空气！我想你会让我在这里待一两天，一直到我强壮一点。”

“那没问题，”另一个“请”客气地说，“我明白。你就待着吧，当我的主人用上我时，我们两个一起出去。他很客气，我相信他不会计较说两次‘请’的，你爱待多久就待多久好了。”

吃午饭时约翰要些黄油，他是这样说的：

“爸爸，请，请给我黄油好吗？”

“当然，”爸爸说，“不过你为什么说得这样过分客气呢？”

约翰没有回答，他转向妈妈说：“妈妈，请，请给我一个松饼好吗？”

妈妈哈哈笑。

“我会给你松饼的，可你为什么说两遍‘请’字呢？”

“不知道，”约翰回答说，“字自己出来了。卡蒂，请，请给我一点水！”

这一回约翰有点害怕了。

“没事，没事，”爸爸说，“这样说没坏处。在这个世界上，说‘请’不嫌多。”

就在这时候，小迪克一个劲儿地在叫。“给我一个蛋！我要牛奶！给我个勺子！”他就是这种没

礼貌的样子。可他一下子停下来，听他哥哥说话。他觉得学学哥哥这种说话方式很好玩，于是他说起来：“妈妈，我想要个松饼，呃……呃……给我一个松饼好吗？”

他想说“请”，可是怎么说得出来呢？他永远猜不到，他自己的“请”这个小字眼正待在约翰的嘴里。于是他又试一次，这一回要黄油：“妈妈，我要黄油，呃……呃……给我黄油好吗？”

他说出来就成了这样子。

一天下来都这样，大家就奇怪：两个孩子怎么了？到了晚上，两个孩子都累了，迪克更是生气。他们的妈妈于是早早打发他们去睡觉。

第二天早晨，他们一坐下来吃早饭，迪克的“请”回家来了。头一天它吸了那么多新鲜空气，它觉得又健康又快活。接下来它又出来透风了，因为迪克说：“爸爸，请你给我切橘子好吗？”哈哈！这个“请”字出来得多么轻松啊！说得就跟约翰说的一样好。今天早晨约翰每次说“请”只说了一遍。从此以后，小迪克说话和他哥哥一样有礼貌了。

征求男孩

弗兰克·克雷恩

这个“征求启事”见于20世纪初期。

征求这样一个男孩：

他站得直，坐得正，行为正直，说话直率；

他指甲干净，耳朵干净，皮鞋擦干净，衣服刷干净，头发梳好，牙齿保护好；

他仔细听人说话，听不明白会问清楚，但不问与己无关的事；

行动迅速，尽可能不发出喧闹声；

在街上会吹口哨，但在应该保持安静的地方绝对不吹口哨；

样子快活，对任何人都笑嘻嘻的，从不板着脸；

对每一个人彬彬有礼，特别是对妇人和女孩；

不抽烟，也不打算学抽烟；

喜欢学规范语言而不是粗话黑话；

不欺负别的孩子，也不让别的孩子欺负自己；

不知道就说“不知道”，做错了事说“对不起”，别人请他做事他总说一声“让我试试”；

看人直看眼睛，任何时候都讲真话；

渴望读好书；

空下来去青年会体育馆，不去赌钱；

不扮靓或想方设法吸引人；

就算被学校或工作单位开除也不说谎或者做卑鄙的事情；

受到别的男生喜欢；

和女生们相处泰然；

不自思自叹，不老是想着自己，谈论自己；

和母亲友好，和她比和任何人更亲密；

他在你周围时让你觉得很好；

不假正经，不自命不凡，不伪善，只是健康，快乐，充满生气。

这样的男孩到处都在征求。家庭征求，学校征求，办公室征求，男生们征求，女生们征求，全世界征求。

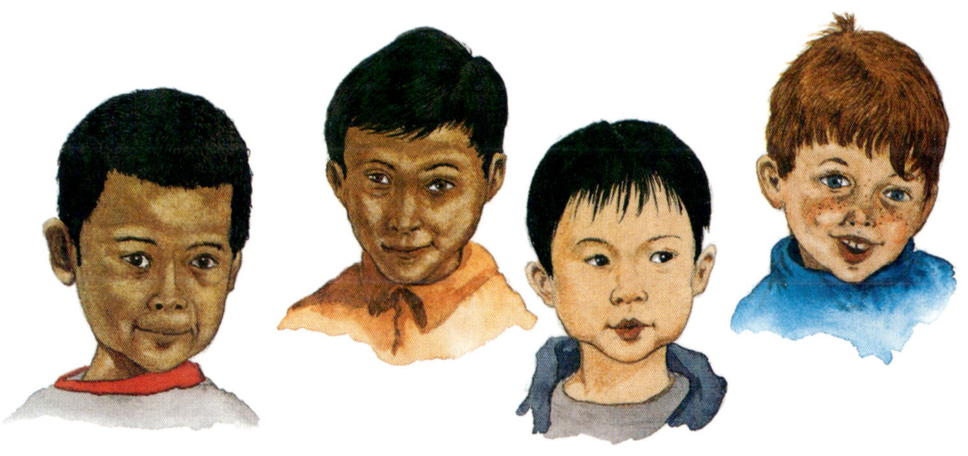

在草原那边

奥利夫·A. 沃兹沃思

父母的责任是照顾孩子，孩子的责任是听从父母的话。

在草原那边，在沙地上，在太阳下，住着一只癞蛤蟆老妈妈和她的一只小癞蛤蟆。

“眨眼睛。”妈妈说。“我眨眼睛。”小癞蛤蟆回答。

他眨啊眨啊眨眼睛，在沙地上，在太阳下。

在草原那边，流着一条蓝色的小溪，在小溪里住着鱼妈妈和她的两条小鱼。

“游水。”妈妈说。“我们游水。”两条小鱼马上游来游去。

他们游啊游啊游，在蓝色的小溪里。

在草原那边，树洞里有个鸟巢，鸟巢里住着蓝鸟妈妈和她的三只小蓝鸟。

“唱歌。”妈妈说。“我们唱歌。”三只小蓝鸟答道。

他们唱啊唱啊唱，在树洞的鸟巢上。

在草原那边，岸边密布芦苇丛，芦苇丛中住着麝鼠妈妈和她的四只小麝鼠。

“潜水。”妈妈说。“我们潜水。”四只小麝鼠欢呼，他们潜到芦苇丛中，那儿芦苇密布。

小红母鸡

彭林·W. 库申斯复述

要分享成果，就该共同工作。

一只小红母鸡找到一颗麦粒。她说："谁来种这麦粒？"

"我不来。"狗说。

"我不干。"猫说。

"我不干。"猪说。

"我不干。"火鸡说。

"那就只好我来种了，"小红母鸡说，"咯！咯！"

她种下了麦粒，很快麦子就长出来了，地里长出了绿叶。太阳照耀加上雨淋，麦子一直长啊长，最后长得又高又大，成熟了。

"谁来收割这麦子？"小红母鸡问道。

"我不干。"狗说。

"我不干。"猫说。

"我不干。"猪说。

“我不干。”火鸡说。

“那就只好我来收割了，”小红母鸡说，“咯！咯！”

她收割了麦子。

“谁来打麦子？”小红母鸡问道。

“我不干。”狗说。

“我不干。”猫说。

“我不干。”猪说。

“我不干。”火鸡说。

“那就只好我来打了，”小红母鸡说，“咯！咯！”

于是她打好了麦子。

“谁来把这些麦子送到磨坊去磨成面粉呢？”小红母鸡问道。

“我不干。”狗说。

“我不干。”猫说。

“我不干。”猪说。

“我不干。”火鸡说。

“那就只好我来送去了，”小红母鸡说，“咯！咯！”

于是她把麦子送到磨坊去磨成面粉。

“谁来把面粉烤成面包呢？”小红母鸡问道。

“我不干。”狗说。

“我不干。”猫说。

“我不干。”猪说。

“我不干。”火鸡说。

“那就只好我来烤了，”小红母鸡说，“咯！咯！”

于是她把面粉烤成了一个面包。

“谁吃这个面包呢？”小红母鸡问道。

“我吃。”狗说。

“我吃。”猫说。

“我吃。”猪说。

“我吃。”火鸡说。

“不，该我吃，”小红母鸡说，“咯！咯！”

她把那个面包吃掉了。

可汗和他的鹰

詹姆斯·鲍德温复述

美国第三位总统托马斯·杰斐逊曾经教导我们怎样控制自己的脾气。生了气，发作前先数到十；要是非常生气，就数到一百。成吉思汗在八百年前已经学会同一道理，他的帝国从东欧一直到日本海。

成吉思汗是一位伟大的君主和武士。

他领兵进入中原地区和波斯，征服了许多领土。各国流传着他的英勇事迹，说在亚历山大大帝以后，还没有一位君王能和他相比。

他从战地回家以后，有一天早晨骑马进森林，打算狩猎一天。他的许多朋友与他同行，他们带着弓箭快活地出发。他们后面跟着仆从，带着猎犬。

这是一支快乐的打猎队伍，林中充满欢声笑语，他们希望晚上回家时猎物丰收。

可汗的手腕上停着他的爱鹰，在那个年代，鹰是经过打猎训练的。主人一声令下，它们会飞上高空寻找猎物。碰到有鹿或者兔子，它们就飞下来直扑它们，快得有如飞箭。

成吉思汗和他那些猎人一整天在林中驰骋，可是他们找到的猎物并没有预想的多。

傍晚时他们要回家了，可汗经常在林中跑，熟悉所有的路，因此其他人抄近路走时，他走了一条较长的路，这条路要穿过两座山间的一个山谷。

天气很热，可汗很渴。他那只宝贝鹰早离开他的手腕飞走了，他自信能找到路回家。

可汗一路慢行，他曾经在这一带见过一条清流。他只想现在找到它。可是在这种炎热夏日，山中的小溪都干涸了。

让他高兴的是，最后他终于看到有些水从岩石边上滴滴答答地滴落下来。他知道附近有一条小溪，在多水季节总有溪水流到这里，而如今水变成一滴一滴的了。

可汗下马，他从狩猎袋里拿出一只银杯，用它去接慢慢地滴落下来的水。

好半天才接到一杯水，可汗太渴了，他简直忍不住要喝。可汗把杯子举到唇边，正要把水喝下去……

空中忽然传来呼呼声，杯子一下子从他手里被碰翻了，水都洒在地上。

可汗连忙抬头看是谁干的好事，原来是他那只宝贝鹰。

那鹰盘旋几圈，最后停在小溪旁的岩石上。

可汗捡起银杯，重新接滴下来的水。

这一回他没等那么久，杯子才有半杯水，他就把杯子举到嘴边，可是还没碰到嘴唇，鹰又飞下来把杯子从他手里碰翻。

这一回可汗生气了。他再来一次，可是鹰第三次让他喝不到水，可汗这一回气坏了。

“你怎么敢这样做？”他大叫道，“如果你在我的手上，我非扭断你的脖子不可！”

接着他再次接水，可是在喝前，他拔出了剑。

“来吧，鹰先生，”他说，“这是最后一次了。”

他刚说完，鹰又飞下来，把杯子从他手里碰翻。可汗正等着这一下，他把剑一挥，鹰正好挨了这一剑。

接下来可怜的鹰躺在地上流血不止，死在它的主人脚下。

“这是你自找的。”成吉思汗说。

他回头看杯子，发现它落到两块岩石中间，他够不到。

“我只好到那条小溪里喝水了。”他心里说。

说着，他就爬上陡峭的岩石到水滴出来的地方。很难爬，爬得越高，他口里越渴。

最后他爬到了，那里的确有一池的水，可是这池水里躺着的是什么啊？它几乎把这个池子撑

满了？是条死了的大毒蛇，最毒的一种。

可汗停下来，他已经忘掉口渴，他只想着死了躺在下面地上的那只鹰。

“鹰救了我的命！”他说道，“我又是怎样回报它的？它是我最好的朋友，可是却我杀了它。”

他回到下面，小心地把鹰捡起来，放到他的狩猎袋里。接着他上马，骑马飞快地回家。他对自己说：“今天我上了很难过的一课，那就是：生气时什么事也不要做。”

大力神和车夫

伊索寓言

这篇古老的寓言帮助我们从小懂得，唯一可靠的劳力是我们自己。

一个车夫赶着一辆重载的马车在泥地上走，车轮不幸深陷在烂泥里，他的马用尽力气也没法把车子拉出来。车夫站在那里毫无办法，不停大叫大力神来救他。这位大力神本人当真出现了，对他说：“朋友，用你的肩头去抵住车轮，让你的马狠狠地拉，这时候你就可以请大力神来帮你了。要是你手指头也不肯动一下来自救，你就别指望大力神或者任何人来帮你了。”

老天帮助自救的人。

圣乔治和龙

丁·贝格·埃森温、巴马丽埃塔·斯托卡德复述

这个故事里，圣乔治出发去“寻找只有骑士能做的工作”时常说：“也许什么地方有麻烦，有让人担惊受怕的事。”这样去帮助人的人有时候被称为骑士、圣者，有时候就被叫作牧师、老师和父母。

很久以前，当世界上还有骑士的时候，有一位叫乔治爵士的骑士。他不但比其他骑士勇敢，而且是那么高尚、那么仁慈、那么好，因此人们称他为圣乔治。

住在他那座城堡附近的人，没有强盗胆敢来找他们的麻烦，所有的野兽都被杀死或者赶走，因此小孩也可以在林子里玩而不用担惊受怕。

有一天圣乔治骑马在农村走。所到之处，看到男人忙着在地里干活，女人在家里一边工作一边唱歌，孩子们大喊大叫地在玩。

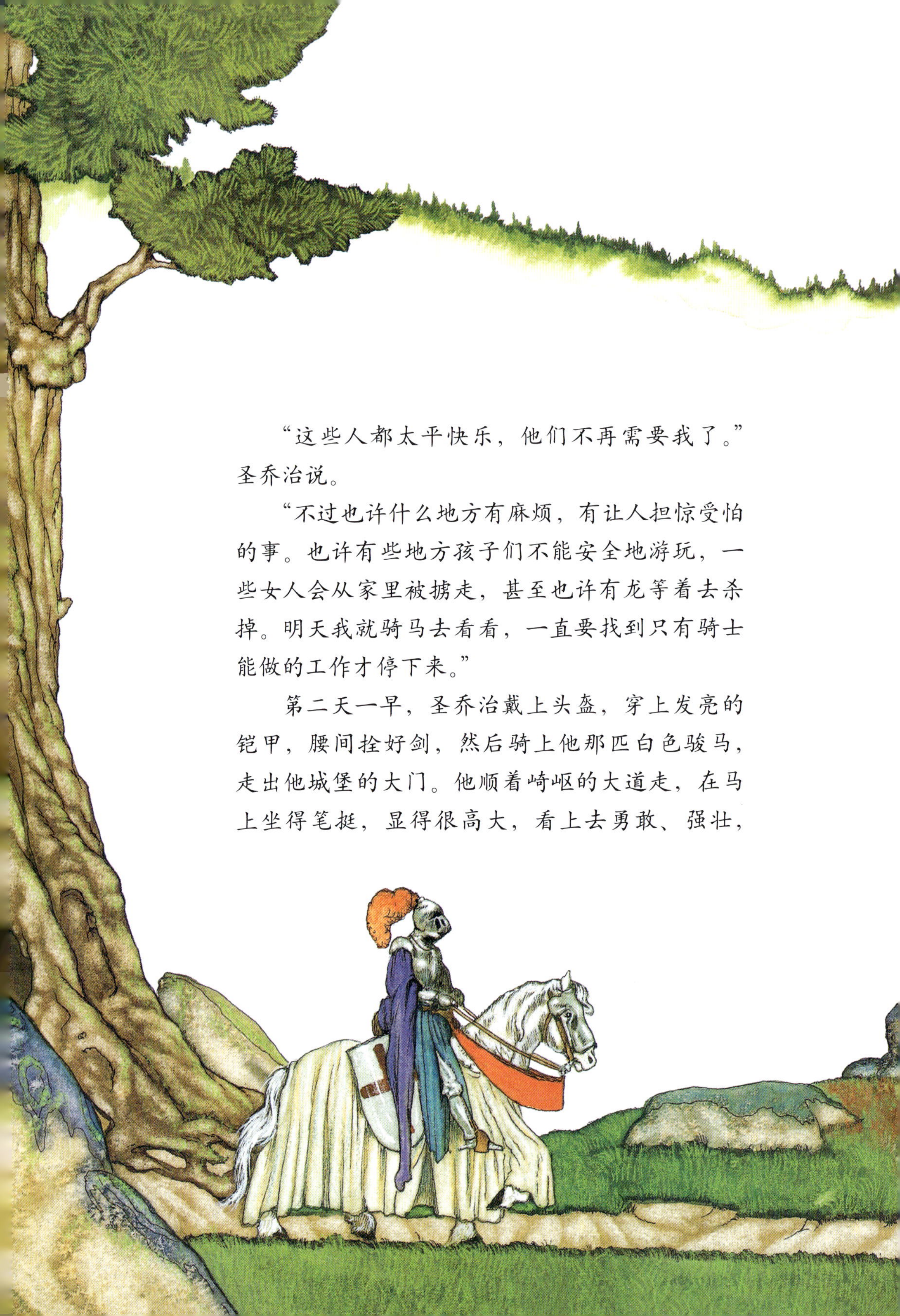

“这些人都太平快乐，他们不再需要我了。”圣乔治说。

“不过也许什么地方有麻烦，有让人担惊受怕的事。也许有些地方孩子们不能安全地游玩，一些女人会从家里被掳走，甚至也许有龙等着去杀掉。明天我就骑马去看看，一直要找到只有骑士能做的工作才停下来。”

第二天一早，圣乔治戴上头盔，穿上发亮的铠甲，腰间拴好剑，然后骑上他那匹白色骏马，走出他城堡的大门。他顺着崎岖的大道走，在马上坐得笔挺，显得很高大，看上去勇敢、强壮，

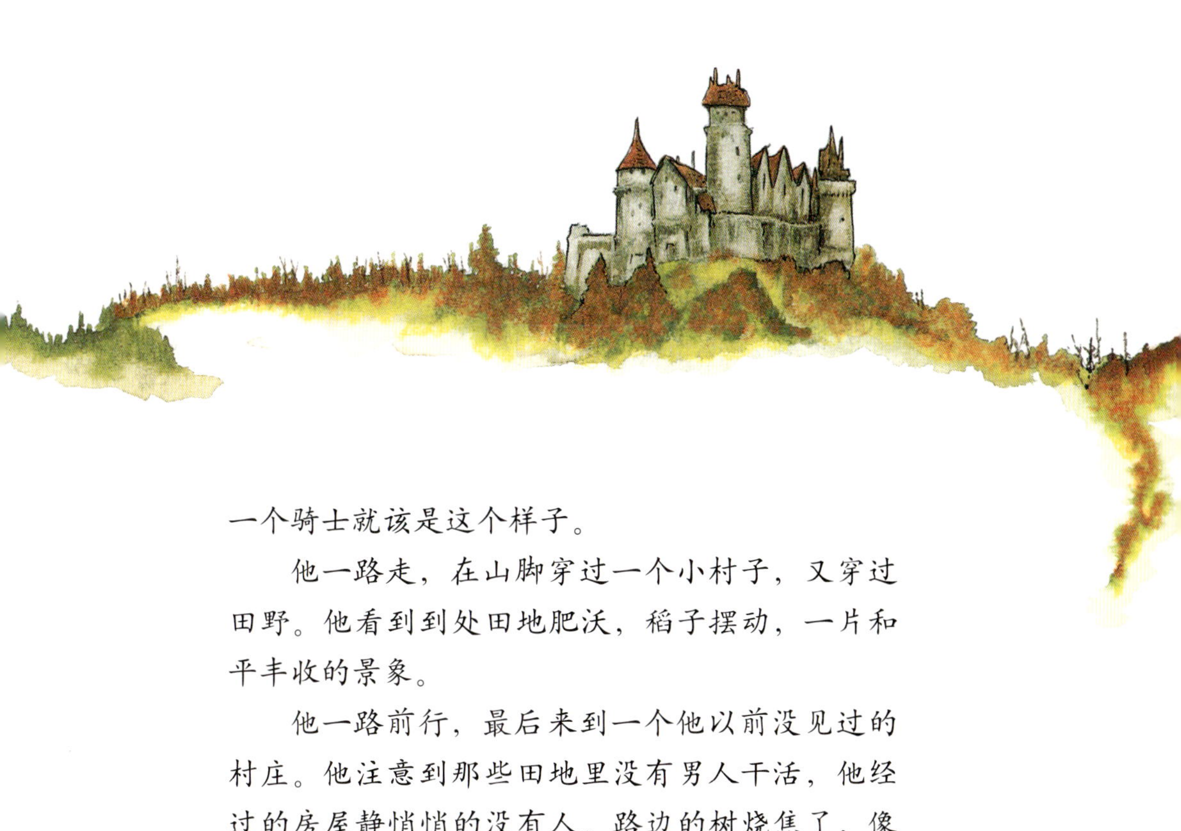

一个骑士就该是这个样子。

他一路走，在山脚穿过一个小村子，又穿过田野。他看到到处田地肥沃，稻子摆动，一片和平丰收的景象。

他一路前行，最后来到一个他以前没见过的村庄。他注意到那些田地里没有男人干活，他经过的房屋静悄悄的没有人。路边的树烧焦了，像刚发生过火灾。一块麦地被踩得一塌糊涂，也烧过了。

圣乔治赶马上前，仔细看他周围的景物，这里到处寂静荒凉。“会是什么可怕的东西把所有的

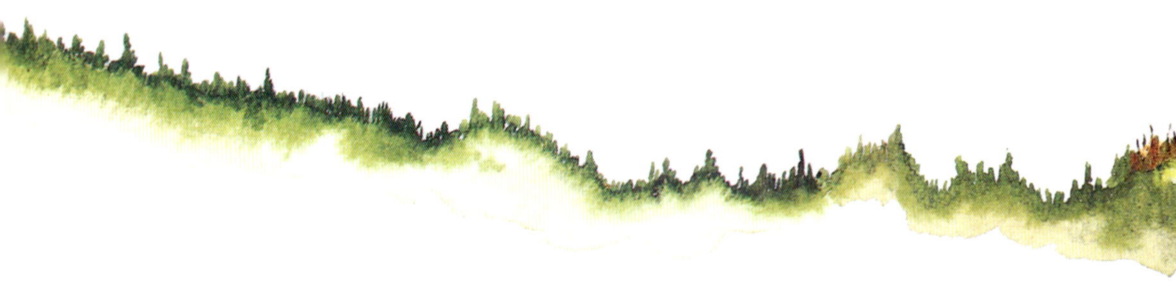

人从家中赶走呢？我一定要查出来，能帮上忙的话，我会帮助他们。”他说。

可是没有人可以问，于是圣乔治骑马继续走，最后看到远处有堵城墙，是一座城。“在这里一定可以找到人告诉我，这到底是怎么回事。”他说。他赶马很快地朝那座城跑去。

就在这时候，巨大的城门打开，圣乔治看到城墙内有一群群的人。有些人在哭，所有的人都一副害怕的样子。圣乔治仔细看去，看到一个美

丽姑娘身穿白袍，腰间围着红腰带，独自一个人哭着走出城门。城门重新哐当关上，这姑娘就这样看到圣乔治，圣乔治急忙策马向她跑去。

“姑娘，你为什么哭啊？”他一到她身边就问。

姑娘抬头看骑在马上的圣乔治，他又挺直又高大又漂亮。“噢，骑士爵爷！”她叫道，“你快骑马离开这里吧，你不知道这里有多危险！”

“危险？”圣乔治说，“你以为一个骑士会听说危险就逃走吗？再说你一位淑女孤孤单单一个

人在这里，你以为一个骑士会这样离开你吗？把你的苦恼告诉我吧，我可以帮助你。”

“不！不！”她叫道，“你快走。你只会白白送死，附近有一条可怕的龙，它随时会来。如果它发现你在这里，它吹一口气就能杀死你！”

“说得更详细些，”圣乔治坚定地说，“你为什

么独自到这里来见那条龙呢？你居住的那个城里就没有一个男人吗？”

“噢，”那姑娘说，“我的父亲是国王，他老了，身体又衰弱，只有我帮助他照顾他的百姓。这条可怕的龙把他们从家中赶走，抢走他们的牲口，糟蹋他们的庄稼。他们全躲到这城里来避难。

已经有好几个星期，这条龙总是来到这里的城门口，我们被迫每天给它两只羊当早餐吃。”

“羊给光了，昨天已经拿不出羊来给它。于是它说，今天要给它一个年轻女子，不给的话，它要攻破城墙，毁掉这个城。人们哭着求我爸爸救他们，可是爸爸也没有办法。我要把自己献给这条龙。它有了我这公主，也许能放过我们的人民。”

“勇敢的公主，请你带路，带我到可能找到这怪物的地方。”

公主看到圣乔治拔剑时发光的眼睛和强壮的手臂，也就不再害怕，她转身带路朝一个闪亮的池塘走去。

“它就待在那里，”她悄悄地说，“瞧，水动了，它醒来了。”

圣乔治看到这条龙的头从池塘里伸出来，龙的身体一截一截从水中出来。一见到圣乔治，它一声怒吼，向他扑来。它的鼻孔喷出烟和火，张开大口像是要把骑士连人带马吞下去。

圣乔治一声大叫，在头上挥舞着剑，骑马直奔那条龙。圣乔治的剑每一下都又快又重，这是一场恶战。

最后龙受了伤，它痛得大叫，张大了嘴直扑圣乔治，要咬他的头。

圣乔治仔细瞄准，接着用尽力气一剑插进龙的喉咙，龙倒在马蹄下，死了。

圣乔治于是发出胜利的欢呼，他叫公主，公主过来站在他身边。

“请把你的腰带给我，公主。”圣乔治说。

公主把腰带给他，圣乔治拴住龙的脖子，他们就用这条腰带把龙绑在马后，拖回城去。于是所有

的人看到，这条龙再也不能加害他们了。

他们看到圣乔治把公主平安带回来，知道龙已经被杀死，于是打开城门，发出欢呼。

国王听到他们的声音，从他的王宫出来看大家嚷嚷什么。

一看到女儿平安无事，最高兴的人就是他了。

“噢，勇敢的骑士，”他说，“我又老又弱，你留在这里保护我的百姓吧。”

“你要我留多久我就留多久。”圣乔治回答说。

于是他住在王宫里帮助老国王照顾他的百姓。老国王去世以后，圣乔治当上了国王。因为有这样一位勇敢的好人当国王，百姓们都感到快乐和安全。

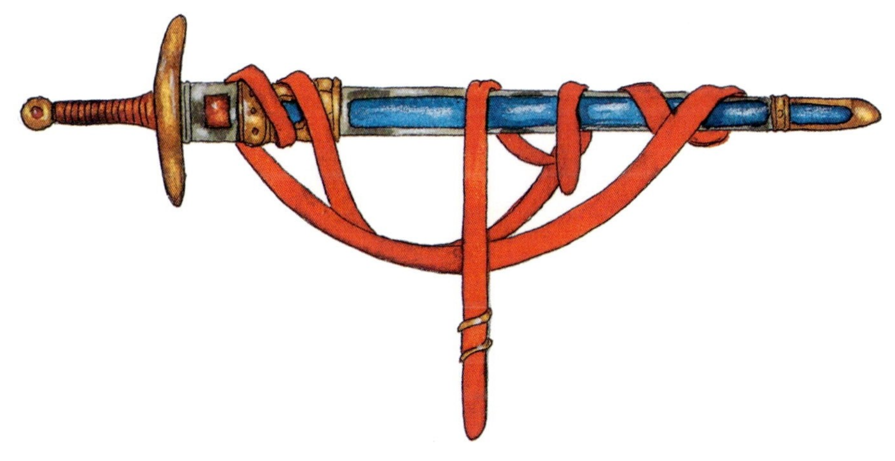

HAIZI DE MEIDE SHU QUAN SI CE

孩子的美德书（全四册）

~3~

[美] 威廉·J.本内特　编　[美] 迈克尔·黑格　绘　任溶溶　译

接力出版社
Publishing House

自律 · 信仰 · 勇气 · 责任 · 毅力 · 忠诚 · 怜悯 · 友谊 · 自律

自律 · 信仰 · 勇气 · 责任 · 毅力 · 忠诚 · 怜悯 · 友谊 · 自律

自律 · 信仰 · 勇气 · 责任 · 毅力 · 忠诚 · 怜悯 · 友谊 · 自律

· 信仰 · 勇气 · 责任 · 毅力 · 忠诚 · 怜悯 · 友谊 · 自律 · 信仰 · 勇气 · 责任 · 毅力 ·

自律 · 信仰 · 勇气 · 责任 · 毅力 · 忠诚 · 怜悯 · 友谊 · 自律

目录

怜悯丨信仰

怜悯 | 信仰

孩子的祷告

祷告和所有好习惯一样，最好从小学会。

大自然啊，请教一个幼儿祈祷吧，
并接受我的祈求；
大自然啊，你无处不在，
我的话你会听清楚。

小麻雀不会不慎跌下来，
因为有你卫护；
我又年轻又不懂事，
幸亏有你照顾。

请教导我做正确的事，
我做错了就请宽恕。
这将是我最大的快乐，
只要活着，我将永远爱你。

爱护动物

关心所有大大小小的动物。

小朋友，对一切有感情有生命的动物，
不要伤害它们，而要爱护。
让温和的知更鸟到你家，
吃你省下给它的面包屑吧。
你给它吃东西，它好高兴，
你也会很高兴：它唱歌给你听。
兔子在远处偷看，它胆子小，
你不要伤害它才好。
让它在每天傍晚，
到草地上来跳跳玩玩。

小云雀飞得高，
飞上明亮的云霄，
它唱个没完，
好像永远是春天，
它飞啊飞，
翅膀永远不会累——
噢，让它唱它快乐的歌，自由往来，
不要让这些善良动物受到伤害。

对小鸟布道

詹姆斯·鲍德温复述

圣芳济于八百年前出生在意大利，他安于简朴的生活，热爱和平，尊重一切生物，至今仍被大家崇敬。

圣芳济是一个非常善良和充满爱心的人——不但对人非常善良和充满爱心，对其他一切生物也都这样。他把小鸟称为他空中的小弟弟，看到它们受伤害就受不了。

圣诞节期间，他在树下撒上面包屑，让小鸟能大吃一顿，快活一场。

有一次，一个孩子捉到一对鸽子送给他，圣芳济给它们做了窝，母鸽在窝里下了蛋。

后来鸽蛋孵出了鸽子，一窝小鸽子慢慢长大。它们非常驯良，蹲在圣芳济的肩上，吃他手上的东西。

关于他对田野林中胆小动物伟大的爱和怜悯，还有许多别的故事。

有一天他正在树林中散步，鸟看到他就飞下来欢迎他。它们唱最甜美的歌表示那么爱他。接着看到他要讲话，它们就静静地停在草地上聆听。

“噢，小鸟们，”他说，“我爱你们，因为你们是我在空中的兄弟姐妹。让我告诉你们一点事情吧，我的小兄

弟，我的小姐妹们，你们应该永远热爱大自然和赞美他。”

“因为只要想想，他给了你们什么。他给了你们可以在空中飞的翅膀，他给了你们又温暖又漂亮的羽衣，他还给了你们可以飞来飞去并找到家的广阔天地。

“想想这件事吧，噢，小兄弟们：你们不用播种，不用收割，因为大自然饲养你们。他给你们小溪和河流，你们在那里可以喝到水。他给你们山和谷，你们在那里可以休息。他还给了你们树木，你们在上面可以筑巢。

“你们不用干活，不用纺织，但是大自然照顾你们和你们的孩子，那当然是因为他爱你们。因此不要不知报

恩，而要唱歌赞美他，感谢他对你们这么好。”

接着圣芳济停了口，朝四下里看，所有的鸟快活地跳起来。它们张开翅膀，张开嘴巴，表示它们明白他这番话的意思。

等他为它们祝福以后，所有的鸟开始歌唱。整个森林由于它们美妙的歌声而充满了甜蜜快乐的气氛。

有人看见你

信仰告诉我们，做了的事瞒不了人，我们做事最好有这种信仰。

从前有一个人，决定溜到邻人的地里去偷麦子。他想："每块地拿一点，没有人会发觉，可对我来说，加起来就是一大堆了。"

他等到一个月亮被密云遮住、天色最黑的夜晚，就从家里溜出来，他把最小的女儿带在身边。

“孩子，”他悄悄地说，“你得看着，有人看见我你就叫。”

那人到第一块地割起来，很快那孩子就叫道：“爸爸，有人看见你！”

那人朝四下里看，可是看不到人，于是把偷来的麦子收好，又到下一块地去。

“爸爸，有人看见你！”那孩子又叫了。

那人停手朝四下里看，还是看不到人。他收起更多的麦子，又转到第三块地去。

过了一会儿，女儿又叫了：“爸爸，有人看见你！”

那人再次停手朝四下里看，根本就看不到人，于是他把麦子捆起来，到最后一块地去。

“爸爸，有人看见你！”

那人又停手朝四下里看，还是看不到人。“你干吗老说有人看见我啊？”他生气地问他的女儿，“我四面八方都看了，什么人也没看到。”

“爸爸，”孩子喃喃地说，“有人从上面看见你。”

诚实的门徒

正如这则犹太民间故事告诉我们的，信仰通常是通往其他美德（在这个故事里，就是诚实）的路。

话说有一位教士，要试试他的门徒有多诚实，于是把他们叫来，问他们一个问题。

“如果你在路上走，捡到一个装满钱的钱包，你会怎么办呢？”他问道。

“我会把它还给失主。”一个门徒说。

“他回答得这么快，我必须考虑他说的是不是真话。”教士想。

“如果没有人看见，我会把钱收起来。”另一个门徒说。

“他倒是说话坦率，可是心眼儿坏。”教士想。

“我嘛，教士，”第三个门徒说，“说实在话，我相信会受到引诱，想把钱收下来，可是我会祈求上天，他将给我力量抵御这种诱惑，做应该做的事。”

“啊哈！”教士心里说，“这个人我可以信任。”

小　阳　光

埃塔·奥斯汀·布莱斯代尔、玛丽·弗朗西斯·布莱斯代尔复述

对人同情就像送人礼物，重要的是一心一意。

从前有一个小女孩，名字叫埃尔莎。她有一位岁数很大的奶奶，头发雪白，满面皱纹。

埃尔莎的爸爸住在山上一座大房子里。

每天太阳照进南面的窗子，让一切东西看上去又明亮又漂亮。

奶奶住在房子的北边，太阳永远照不到她的房间。

有一天，埃尔莎对她爸爸说：“太阳为什么不照进奶奶的房间呢？我知道奶奶很想照到太阳。”

“太阳没法照进北面的窗子。”爸爸说。

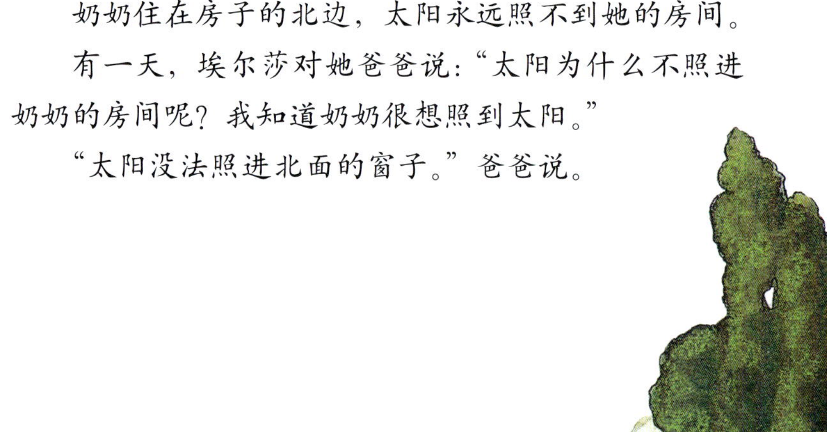

“那就让我们把房子转过来，爸爸。”

“可房子太大，没法转。”爸爸说。

“奶奶在她的房间里就永远照不到阳光了吗？”埃尔莎问道。

“当然不是，我的孩子，你可以带点阳光去给她啊。”

接下来埃尔莎就拼命想办法，要带点阳光去给她的奶奶。

当她在田野上玩时，她看到青草和鲜花在点头，小鸟在树上飞来飞去，唱着甜美的歌。

一切都像是在说：“我们爱太阳，我们爱明亮、温暖的太阳。”

“奶奶也会爱的，”埃尔莎想，“我一定要带一些太阳光给她。”

一天早晨在花园里，她感到她金色的头发上有温暖的太阳光。她坐下来，看到膝盖上也有太阳光。

“我要用我的衣服把这些太阳光包起来带去，”她想，“带到奶奶的房间去。”那就这么办，她跳起来，跑进屋子。

“您看，奶奶，您看！我给您带来了一些太阳光，”她叫道。她打开衣服，可是一点太阳光也看不见。

“太阳从你的眼睛里透出来，我的孩子，”她的祖母说，“它在你金色的头发上发亮。有你和我在一起，我就不需要太阳了。”

埃尔莎不明白太阳怎么会从她的眼睛里透出来。但是她很高兴让她亲爱的奶奶这样开心。

每天早晨她在花园里玩，接着她跑进奶奶的房间，带给奶奶她眼睛里和头发上的太阳光。

狮子和老鼠

伊索寓言

出于善心，最小的动物常常也能帮助最大的动物。

有一天，一头大狮子在阳光中睡觉。一只小老鼠在它爪子上跑过，惊醒了它。大狮子正要把小老鼠吃下去，小老鼠叫道:“噢，求求你把我放了吧，有一天我会帮助你的。”

狮子想，小老鼠对它会有什么用处啊？不禁哈哈大笑。不过它是一只好脾气的狮子，还是把老鼠放了。

不久以后，狮子被一张网捉住。它用尽力气挣扎，又拉又扯，可是没用，网绳太结实了。它大声咆哮，小老鼠听到，跑来了。

“别出声，亲爱的狮子，我来救你，我把网绳咬断。”

老鼠用尖利的牙齿咬断了网绳，狮子于是得救，摆脱了那张长网。

“你曾经笑我，”老鼠说，“你以为我太小报答不了你。可是你看，是可怜的小老鼠救了你的命。”

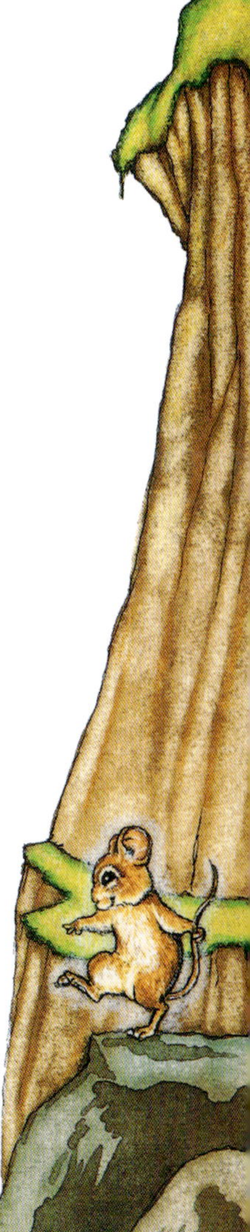

北斗星传奇

丁·贝格·埃森温、玛丽埃塔·斯托卡德复述

好事本身常常就是赞赏。

曾经有一次，大地上好久没有下雨，又干旱又闷热。花凋谢了，草干枯发黄了，连强壮的大树也要死了。河水干了，井水干了，泉水不再冒泡泡了。牛、狗、马、小鸟和所

有的人都渴得要命！人人觉得不舒服，像生了病似的。

有一个小女孩，她的妈妈病得很厉害。“噢，”小女孩想，“如果我能找到点水给我妈妈，我断定她的病就会好，我一定要找到点水。”

于是她拿了一把长柄勺子去找水，最后她在山边找到一小股泉水。它几乎干涸了，水很慢很慢地一滴一滴从岩石上落下来。小女孩小心地拿着勺子接水，她等了很久很久勺子才满。接着她很小心地拿着这勺水下山，一滴也舍

不得让它洒掉。

她在回家的路上碰到一只可怜的小狗。这小狗走不动路了，大口喘着气，伸出舌头，因为舌头太干了。

“噢，你这可怜的小狗，”小女孩说，“你太渴了，我不给你几滴水实在不忍心走过去。只给你几滴水，这些水还是够妈妈喝的。”

于是小女孩倒了一点水在她的手上，把手伸过去给小狗喝。小狗很快就把水舔干净，觉得好多了，又跳又叫，好像是说：“谢谢你，小姑娘。”小女孩不在意。可是，她那把长柄铁皮勺子已经变成了长柄银勺子，水跟原先一样满满的。

她只想着她妈妈，有多快走多快，赶着回家。到家时天都快黑了。小女孩推门进屋，赶到妈妈的房间。进房间时，帮小女孩和她妈妈干活的老女仆已经很辛苦地照料了病人一整天，走到房们口，又累又渴，连话都说不出来了。

“快给她一点水，”妈妈说，“她辛辛苦苦干了一整天，比我更需要喝水。”

于是小女孩把长柄勺子伸到她的唇边，老仆人喝了一点水。她一下子觉得更强壮更好，走到妈妈床边，把她抱起来。小女孩没注意到，长柄银勺子已经变成了长柄金勺子，装的水跟原先一样多！

接着她把长柄勺子凑到妈妈的嘴唇边，妈妈喝了又喝。啊，她觉得好多了！等她喝完，勺子里还有点水。小女孩把勺子举到自己嘴唇边，这时有

人敲门。女仆打开门，门口站着一个陌生人。这人脸色苍白，走了很远的路，浑身是灰尘。“我渴死了，”他说，“你能给我一点水吗？”

小女孩说：“当然，我断定你比我更需要这水，你把它全喝了吧。”

那陌生人微笑着接过长柄勺子，长柄勺子一到他的手里，就变成了一把长柄钻石勺子。他把勺子翻过来，只见水从勺子里洒下来，流到地上，这地方一下子成了一个水汩汩流出来的源泉。清凉的水不断涌出，足够这一带所有的人和动物喝的。

她们只顾着看水，把那陌生人忘了，等到想起他来，一看，他已经走了。她们觉得看到他消失在天空中——天空又高又晴朗，挂着那长柄钻石勺子。它到现在还在那里闪耀着，告诉人们这个善良和不自私的小女孩的故事。这长柄勺子就叫作北斗星。

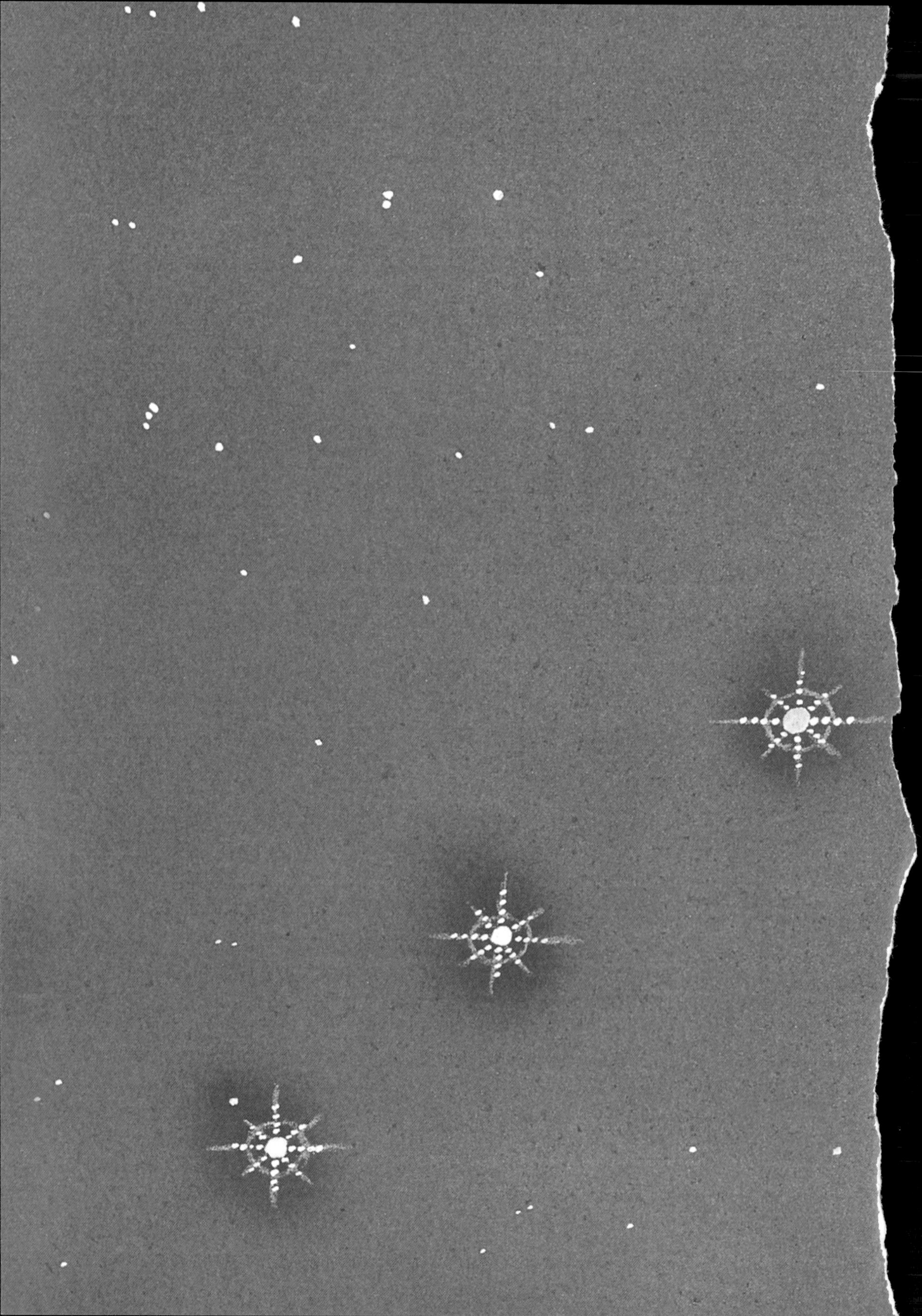

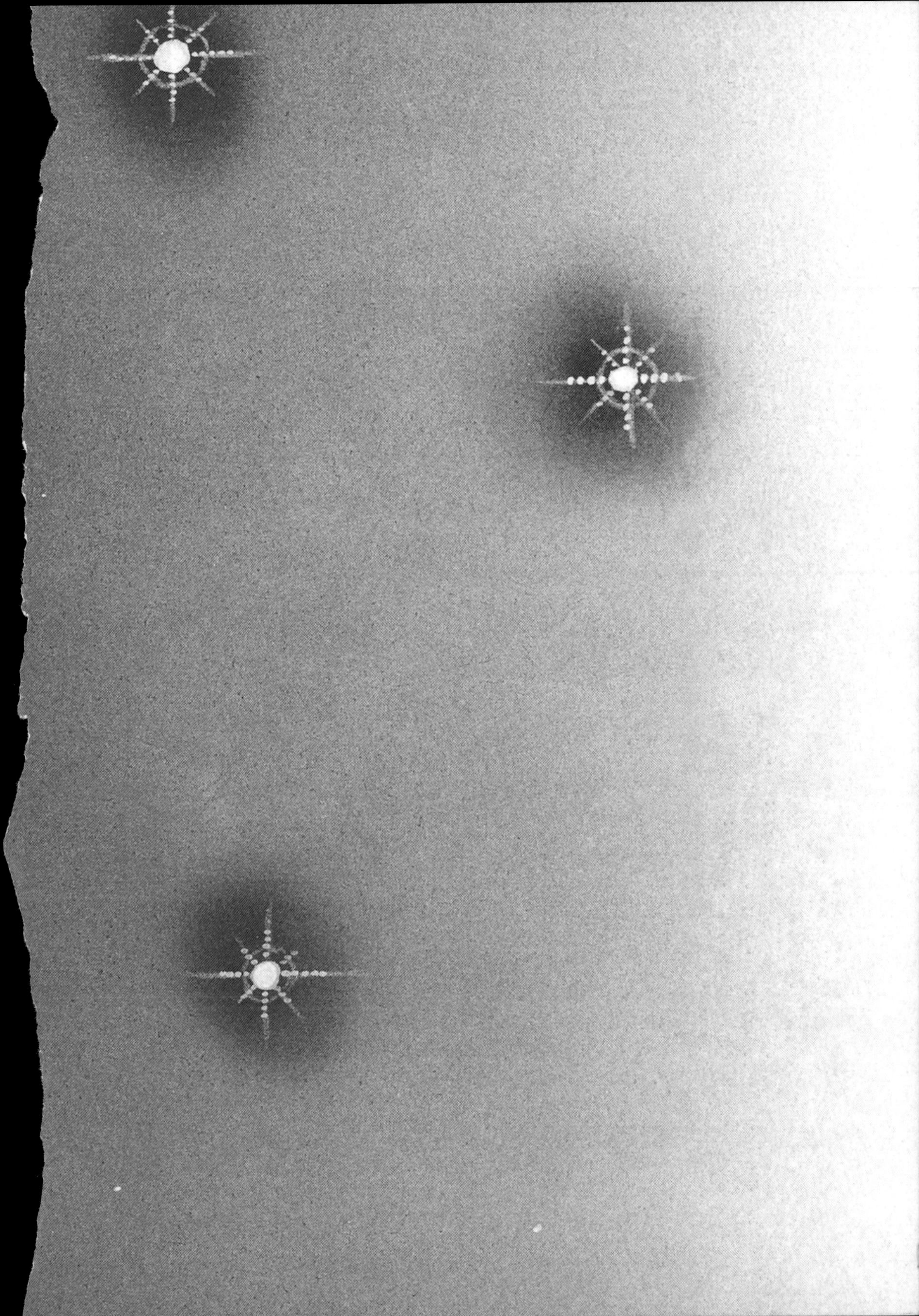

HAIZI DE MEIDE SHU QUAN SI CE

孩子的美德书（全四册）

~4~

[美] 威廉·J.本内特 编 [美] 迈克尔·黑格 绘 任溶溶 译

接力出版社
Publishing House

自律・信仰・勇气・责任・毅力・忠诚・怜悯・友谊・自律

・信仰・勇气・责任・毅力・忠诚・怜悯・友谊・自律・信仰・勇气・责任・毅力・

自律・信仰・勇气・责任・毅力・忠诚・怜悯・友谊・自律

自律 · 信仰 · 勇气 · 责任 · 毅力 · 忠诚 · 怜悯 · 友谊 · 自律 ·

信仰 · 勇气 · 责任 · 毅力 · 忠诚 · 怜悯 · 友谊 · 自律 · 信仰 · 勇气 · 责任 · 毅力 ·

自律 · 信仰 · 勇气 · 责任 · 毅力 · 忠诚 · 怜悯 · 友谊 · 自律

目录

忠诚 | 友谊

忠诚 | 友谊

牧　　场

罗伯特 · 弗罗斯特

这首小诗告诉我们，朋友是我们愿意和他在一起的人。

我要去清理牧场的水源，
只停下来把叶子打扫干净，
也许还等泉水变清。
我不会去很久——你也来吧。

我要去把小牛带回来，
它很小，母牛在它身边照顾，
用舌头舔舔它，它还走两步。
我不会去很久——你也来吧。

华盛顿和樱桃树

根据丁·贝格·埃森温、玛丽埃塔·斯托卡德原作改写

这是美国有关诚实的最著名的故事。乔治·华盛顿是美国第一任总统，我们应该全都像小乔治那样。

乔治·华盛顿小时候住在弗吉尼亚一个农庄里。他的父亲教他骑马，经常带他在农场走走，让儿子学会怎样照料田地、马匹和牛群。

老华盛顿先生有一个果园，里面有许多好果树，有苹果树、桃树、梨树、梅树和樱桃树。有一次大洋彼岸有人给他送来了一棵特别珍贵的樱桃树，华盛顿先生把它种在果园边上。他关照农场所有的人要小心看好它，不要让它受到伤害。

它长得很好，有一个春天，树上满是白花。华盛顿先生想，很快他就可以吃到这棵小树结的樱桃了，心里十分高兴。

就在这个时候，小乔治得到一把闪亮的新斧头。他拿着斧头到处走，砍树枝、砍篱笆，看到什么砍什么。最后他来到果园边上，只想到他那把斧头有多锋利，砍得多顺手，一下子把那棵樱桃树砍倒了，还一直往前砍。

那天傍晚，华盛顿先生巡视农场回来，把马关进马厩以后，到果园来看他那棵樱桃树。一看到它给砍了，他呆住了。谁胆敢这样做？他问大家，可谁也没法告诉他是怎么一回事。

就在这时候，小乔治从这里走过。

“乔治，”他的父亲生气地叫他，“你知道是谁砍了我这棵樱桃树吗？”

这个问题不好回答，小乔治犹豫了一下，但很快就恢复常态。

“我不能说谎，爸爸，”他说，“是我用我的斧头砍的。”

华盛顿先生看着小乔治，这孩子脸都白了，可是他正视着他父亲的眼睛。

“进屋去，孩子。”华盛顿先生严厉地说。

小乔治走进图书室，等着他父亲进来，他非常难过，非常抱歉。他知道他太傻了，太没头脑了，他的父亲生气是对的。

华盛顿先生很快就走进房间。“过来，我的孩子。”他说。

小乔治走到他父亲面前，华盛顿先生定睛看了他好半天。

“告诉我，孩子，你为什么砍这棵树？”

“我在闹着玩，我没想到……”小乔治结巴了。

“现在这棵树要死了，我们也得不到它的果子了，但更糟糕的是，我叫你照料这棵树，你却没有做到。”

小乔治的头低下来，他羞愧得脸都红了。

“我很抱歉，爸爸。”他说。

华盛顿先生把一只手搭在孩子的肩上。“看着我，”他说，“失去了我这棵樱桃树，我是很难过，可是你勇于向我讲出真话，又让我很高兴。对我来说，你诚实勇敢，这胜过整个果园，哪怕它满是最好的樱桃树。别忘了这一点，我的孩子。”

乔治·华盛顿没有忘记，直到生命结束，他都像小时候那样勇敢诚实。

小小亮光

M．本瑟姆·爱德华斯瑟特

做朋友就应该尽心尽力。

上天把我造成小小亮光，
在世界上放出光芒，
不管我到什么地方，
小小的火烧得很亮。

上天把我造成小小花朵，
使得所有的人快活，
哪怕只在家乡开放，
住的农舍简陋又有什么！

上天把我造成小小手杖，
体弱的人可以依靠，
我要用尽我的力气，
为周围的人效劳。

印第安灰姑娘

赛勒斯·麦克米伦复述

加拿大的这个民间故事讲的是诚实有赏，欺诈受罚。开头一段提到的格卢斯卡普是东部林区印第安人的一个神。

大西洋海岸一个大海湾的岸边，古时候有一位伟大的印第安武士。据说他曾经是格卢斯卡普最得力的助手和最好的朋友之一，为他立过许多了不起的功劳，不过这些都没有人知道。他还有一个非常了不起的奇怪本领，就是能够隐身，混在敌人中间，偷听他们的计划。因此他被称为隐身人狂风。他和姐姐住在海边一个帐篷里，他的姐姐对他的工作帮了很大的忙。许多姑娘都想嫁给他，由于他功勋卓著，追求他的人不少。据说狂风要娶的，是他晚上回家第一个能看见他的姑娘。许多姑娘都尝试这样做，可是过了很久都没有人成功，狂风用一种妙计考查所有追求他的姑

娘是不是诚实。

每天天黑下来时，狂风的姐姐就带着追求他的姑娘在海边漫步。他的姐姐能时刻看见他，别人却不能。他在暮色中回家时，他的姐姐看着他走近，就问追求他的姑娘：“你看见他了吗？”每个姑娘都说假话：“是的。”他的姐姐又问：“他用什么拉他的雪橇呢？”每个姑娘都会回答“用麋鹿皮带”，或者“用一根粗棍子”，或者“用一根绳子”。这一来姐姐就知道她们全都在说谎，因为她们的回答只是猜想。许多姑娘来求婚时说谎，都失败了，因为狂风不会娶一个不诚实的姑娘。

村子里有一个大酋长，他有三个女儿。她们的妈妈早就去世了。三个女儿中，有一个比其他两个小得多。她漂亮文雅，大家都喜欢她，因此她的两个姐姐十分嫉妒她，对她十分粗暴。她们给她穿破衣服，要让她难看；她们剪掉她的乌黑长发；她们用烧红的煤烫她的脸，要让她的脸有疤破相。她们骗父亲说这都是她自己做的，可是这姑娘忍耐着，保持着平静的心态，快快活活地干她的活。

酋长的两个大女儿和其他姑娘一样想要嫁给狂风。有一天傍晚，她们和狂风的姐姐一起在海边散步，等候狂风回来。狂风很快就做完一天的工作，拉着雪橇回来了。他的姐姐于是突然问道："你们看见他了吗？"她们两个都说谎，回答说："是的。"狂风的姐姐问道："他的肩带是什么做的呢？"两姐妹猜着说："用生牛皮做的。"接着她们走进帐篷，希望看到狂风，吃晚饭。可是她们只看

到他脱下来的大衣和鹿皮鞋，再也看不到别的。狂风知道她们说谎，不让她们看到自己，她们只好失望地回家。

有一天，酋长那穿得破破烂烂、满脸伤疤的最小的女儿决定去找狂风。她用桦树皮缝补好她的破衣服，戴上她仅有的几样小饰物，就像村里其他姑娘那样去看隐身人狂风。两个姐姐笑她，叫她“傻瓜”。她一路上走过时，所有的人都笑她，因为她衣服破破烂烂，脸上烧伤了，可是她静静地走她的路。

狂风的姐姐很客气地接待这个姑娘，傍晚带她到海边，狂风很快就拉着雪橇回家来了。他的姐姐问道：“你看见他了吗？”姑娘回答说：“没有。”姐姐十分吃惊，因为她说的是实话。她又问：“现在你看见他了吗？”姑娘回答说：“是的，他非常了不

起。”姐姐又问：“他用什么拉雪橇呢？”姑娘回答说：“用彩虹。”姐姐更吃惊了，又问：“他的弓弦是什么做的？”姑娘回答说：“他的弓弦是银河。”

于是狂风的姐姐知道，因为这姑娘一开口就说真话，所以她的弟弟让她看见了。她说：“真的，你看见他了。”她带姑娘回家，给她洗澡，她脸上和身上所有的伤疤一下子没有了，她的头发重新变得又长又黑，黑得像燕子的翅膀。然后她给姑娘穿上好衣服，戴上许多高贵的首饰，接着让她坐上帐篷里妻子的座位。狂风很快就进来，坐到她身边，称她为新娘。

第二天，姑娘成了狂风的妻子，从此以后，她帮助他立了许多大功。姑娘的两个姐姐非常生气，奇怪这到底是怎么回事。可是狂风知道她们有多么残酷，决定惩罚她们。他施展法力把她们变成两棵扎根在土地上的白杨树。从那天起，白杨树的叶子老在哆嗦，狂风一来她们就吓得发抖，也不管他来得有多么轻柔，因为她们还记得他有多么强大的法力，并且因为她们很久以前说谎和虐待她们的妹妹而生她们的气。

蓝衣小孩

尤金·菲尔德

我们童年的玩具往往就是我们最早最忠诚的朋友，让我们大家像蓝衣小孩的童年伙伴那样忠诚不变吧。

小玩具狗站着一动不动，
尽管它满身是灰；
小玩具兵长出红锈，
手中的枪也发了霉。
小玩具狗曾经崭新，
小玩具兵也很神气，
当时是我们的蓝衣小孩，
亲亲它们，把它们放在这里。
“你们静静地等我回来，”他说，

“哪儿也不要去！”
然后他上他的小床，
做梦也想着这些美丽玩具。
在梦中蓝衣小孩听到
天使的歌声：
噢！漫长的一年一年过去，
小玩具这些朋友忠心耿耿！

它们忠于蓝衣小孩，
站在原地一动不动——
等着一只小手来抚摸它们，
等着看小脸上的笑容。
它们在想：等了那么多年头，
一直在这满是灰尘的椅子上，
那亲吻它们，把它们放在那里的蓝衣小孩，
他如今是什么模样？

狼来了的故事

伊索寓言

一不诚实，我们所说的美德就全完了。

从前有一个牧童，他在离村子不远处放羊。有一回他想拿村民来开个玩笑，于是对着村子大叫特叫："狼来了！狼来了！快来救救我啊！狼群在吃我的小羊了！"

善良的村民放下工作，马上跑到田野上来救他。他们一到那里，那牧童就笑话他们上当了，那里根本没有狼。

又有一天，那牧童想再开一次玩笑，村民还是赶来救他，又被他笑了一通。

最后有一天，一只狼真到田野上来了，开始咬羊，牧童吓得跑回去求救。“狼来了！”他叫道，“羊群里有一只狼！救命啊！”

村民们听见了，以为他又在开无聊的玩笑，一点不去理他，不去救他，牧童于是失去了他所有的羊。

说谎的人就会碰到这样的事：说真话时也没有人相信他们。

诚实的樵夫

埃米莉·普尔森复述

这个古老的寓言在全世界流传，告诉我们诚实会有回报。

从前，在一个寂静的绿色森林里，靠近一条冒着泡、水花四溅的奔腾河流，住着一个穷樵夫。他为了养家糊口辛苦工作，每天背着他那把锐利的大斧头进森林。

一路走时他总是快活地吹口哨，因为他想，只要身体健康，有他那把斧头，他就可以赚到足够的钱买他一家人需要的面包。

有一天他在河边砍一棵大橡树，每砍一下木屑就飞起来，砍柴的声音清楚地传遍森林，像是有十个樵夫在砍树。

砍了一阵，樵夫想该休息一下了，他把斧头靠在树旁边，转身要坐下来，可是给一根扭曲的老树根绊了一下，他还没来得及抓住斧头，斧头就滑到河里去了！

可怜的樵夫想看看河底，可是河太深，河水在落下去的宝贝斧头上流过，流

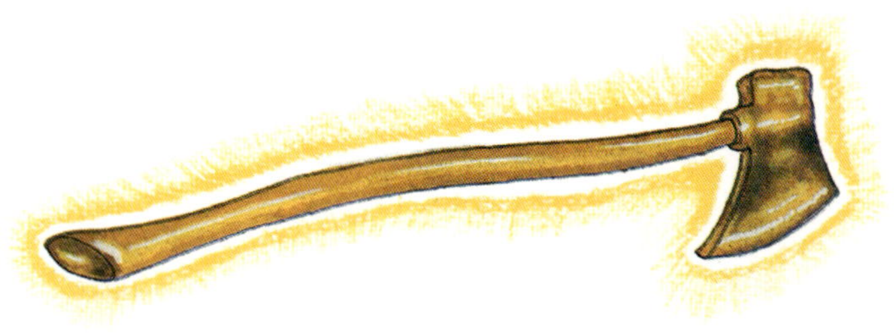

得还是那么快活。

“可我怎么办呢？”樵夫叫道，“我失去了我的斧头，现在我怎么养活我那些孩子啊？”

他刚说完，从河底就上来一位美丽的仙女。她是这条河的仙女，听到他伤心的叫声，到河面上来了。

“什么事让你这样伤心啊？”她好心地问道。樵夫把倒霉事告诉了她。她马上潜到河里，转眼拿上来一把斧头，是银的。

“这是你掉的那把斧头吗？”她问道。

樵夫想到用这把银斧头可以给他的孩子买很多好东西，可是那斧头不是他的，因此他摇头回答说：“我的斧头只是一把钢斧头。”

仙女把银斧头放在岸边，又潜到河里。转眼她就出来给樵夫看另一把斧头。“也许这一把是你的吧？”她问道。

樵夫一看，回答说：“噢，不是的！这是一把金斧头！它比我那把要贵重不知多少倍。”

仙女把这把金斧头放在岸边，又潜到水里，她上来时握着他掉下去的那把斧头。

“这一把是我的！”樵夫叫道，“这正是我原来那把斧头！”

“这一把是你的，”仙女说，“这两把现在也归你了。这两把是这条河送给你的，因为你说真话。”

那天晚上，这个樵夫扛着这三把斧头回家，一路快活地吹着口哨，想着它们可以带给他一家的好东西。

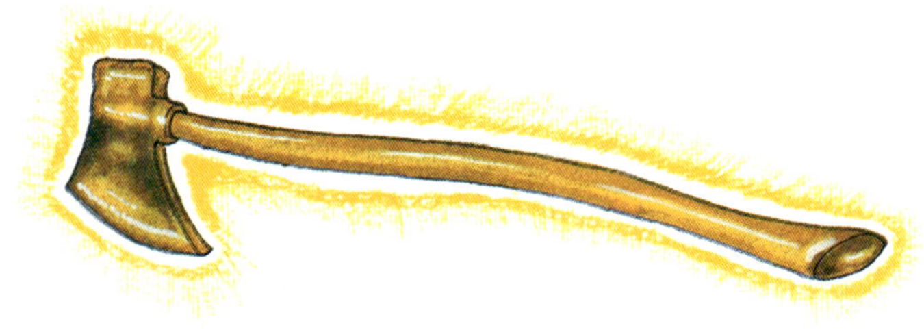

青蛙和蛇的友谊

这个非洲民间故事让我们想到，世界上许多友谊关系错过了，只因为人们听信他们彼此“不能”成为朋友。

从前有一个青蛙孩子，他正在矮树丛中蹦蹦跳跳地走，忽然发现前面路上躺着一样他没见过的东西。这东西又细又长，皮肤闪着虹彩。

“你好，”青蛙孩子叫道，“你躺在这路当中干什么啊？”

“我只是在晒太阳，”那扭来扭去的东西回答说，“我的名字叫蛇，我是蛇孩子，你叫什么呢？”

“我是青蛙孩子，你要跟我一起玩吗？”

青蛙孩子和蛇孩子一起在矮树丛里玩了一个上午。

“看我能做什么，”青蛙孩子说着高高跳起来，“如果你想这样做，我来教你。”他建议说。

于是他教蛇孩子跳，他们两个一起在矮树丛中的路上蹦蹦跳跳。

“现在看我能做什么，”蛇孩子说着用肚子贴着树干爬。“如果你想这样做，我来教你。”

于是他教青蛙孩子怎样肚子贴着树干爬树。

过了一阵他们都饿了，决定回家吃饭，不过讲好第二天再见面。

“谢谢你教会我跳。”蛇孩子说。

“谢谢你教会我爬树。”青蛙孩子说。

接着他们回家了。

“瞧我能干什么，妈妈。”青蛙孩子用他的肚子贴着树干爬树。

“你是从哪里学会这样做的？”他的妈妈问道。

“是蛇孩子教我的，”他回答说，“我们今天上午在矮树丛里一起玩，他是我的新朋友。”

“你不知道蛇一家都是坏蛋吗？”他的妈妈问道，“他们的牙齿里有毒。请别让我再看到你和他们这种坏蛋一起玩了，也别让我再看到你用肚子贴地爬。这不对头。”

这时候蛇孩子回到家，蹦蹦跳跳给他妈妈看。

“是谁教你这样跳的？”蛇妈妈问道。

“是青蛙孩子，”他说，“他是我的新朋友。”

“太傻了！”他的妈妈说，“你不知道我们和青蛙家从不知道什么时候起就互相厌恶吗？下次跟青蛙孩子玩，你捉住他把他吃了。别跳啦，这不是我们的习惯。”

因此第二天早晨青蛙孩子在矮树丛那里遇到蛇孩子时，他保持着一定的距离。

“我怕我今天不能和你一起爬树了。”他向后跳了一两步说。

蛇孩子静静地看着他，想起他妈妈说的话。“他一往后跳，我就跳过去吃掉他。”他想。可他又想起他们昨天在一起时多么好玩，青蛙孩子教他跳又是多么好，因此他难过地叹了一口气，滑到矮树丛里去了。

从那天起，青蛙孩子和蛇孩子再也没有在一起玩过。不过他们常常独自坐在太阳底下，想着他们有过的一天友谊。